EL DIAGRAMA DE ISHIKAWA

Solucionar los problemas desde su raíz

Por Ariane de Saeger
En colaboración con Brigitte Feys
Traducido por Marta Sánchez Hidalgo

Economía y empresa   50MINUTOS.es

50MINUTOS.es

LAS CLAVES PARA EL ÉXITO

Adam Smith

El principio de Pareto

El estrés laboral

La pirámide de Maslow

www.50minutos.es

EL DIAGRAMA DE ISHIKAWA

- **¿Denominaciones?** Diagrama de Ishikawa, diagrama de espina de pescado, diagrama de causa-efecto o diagrama de Grandal.
- **¿Utilidad?** El diagrama de Ishikawa identifica las causas y los efectos de un problema de forma sintética. También se puede utilizar como herramienta de análisis en la gestión de proyectos (particularmente en la gestión de los riesgos) y en la búsqueda de la calidad.
- **¿Por qué es eficaz?** Esta herramienta permite no omitir ciertas causas de un problema y proporcionar los elementos necesarios para el estudio de las posibles soluciones del mismo. Se considera que este diagrama es una herramienta de gestión de la calidad.
- **¿Palabras clave?**
  - <u>Tormenta de ideas</u>: esta original técnica de búsqueda se basa en la comunicación recíproca de las asociaciones de ideas libres de todos los integrantes de un grupo.

- ◦ <u>Causa</u>: lo que produce, el origen, el motivo.
- ◦ <u>Proceso</u>: método, manera de proceder para desarrollar un razonamiento.
- ◦ <u>Efecto</u>: resultado, consecuencia.
- ◦ <u>Cuota de mercado</u>: porcentaje de ventas de la empresa en relación a las ventas totales del sector.
- ◦ <u>Problema</u>: pregunta o interrogante que da lugar al debate y precisa de una solución.
- ◦ <u>Solución</u>: respuesta a un problema, a una pregunta.

HISTORIA

El inventor del diagrama de Ishikawa es el profesor japonés Kaoru Ishikawa (1915-1989), ingeniero químico de la Universidad de Tokio. Este experto, conocido por ser precursor de la teoría de la gestión de la calidad, emplea este diagrama por primera vez en 1943 para intentar explicar a un grupo de ingenieros de Kawasaki Steel Works, una famosa empresa japonesa de siderurgia, cómo comprender un problema basándose en el análisis de un conjunto —lo más exhaustivo posible— de factores complejos.

DEFINICIÓN DEL MODELO

El diagrama de Ishikawa es una herramienta gráfica utilizada en empresas que ofrece una visión global de las causas que han generado un problema y de los efectos que este ha provocado. Como las causas están jerarquizadas, es posible identificar de manera concreta las fuentes del problema.

TEORÍA Y PRESENTACIÓN DEL CONCEPTO

Aunque el diagrama de espina de pescado se utiliza principalmente en empresas como herramienta de gestión de la calidad o de proyectos, también es muy adecuado para la gestión de los riesgos. De hecho, el diagrama no solo permite resolver un problema, sino también preverlo. Por ejemplo, cuando una empresa quiere poner en marcha un proyecto, se pregunta por los aspectos que pueden tenerse en cuenta si su proyecto fracasa. Al evaluar los diferentes elementos que podrían causar el fracaso del proyecto, sabe directamente dónde centrar su atención para evitar que el problema surja en la práctica.

EL OBJETIVO DEL DIAGRAMA DE ISHIKAWA

El método de Ishikawa es una herramienta de planificación de empresas que tiene como objetivo analizar gráficamente y de forma estructurada los vínculos de causa-efecto de un problema concreto.

HIPÓTESIS

El modelo de Ishikawa plantea dos hipótesis:

* existe un número limitado de causas principales y secundarias para cada problema;
* distinguir estos dos tipos de causas es una primera etapa hacia la resolución del problema.

COMPONENTES DEL MODELO

El profesor Ishikawa clasifica las diferentes causas de un problema en cinco grandes familias, llamadas «las 5M».

* **Materia:** es todo lo que es consumible o útil para el proyecto, como las materias primas, el papel, el agua, la electricidad, etc.
* **Medio:** esta noción se corresponde con el entorno, es decir, con el contexto que puede tener un impacto en el proyecto (lugar de trabajo, espacios verdes, etc.).
* **Métodos (y Gestión, del inglés *Management*):** abarca los procesos existentes, el flujo de información, la investigación y desarrollo, los

modos operacionales utilizados, etc.

- **Material o Máquina:** se refiere al material necesario que se utiliza en el proyecto. Por ejemplo: los locales eventuales, las piezas de recambio, el equipamiento, el material informático, los *softwares*, las tecnologías, las máquinas o el equipo de gran tamaño. Esta categoría suele requerir una inversión.
- **Mano de obra:** hace referencia a los recursos humanos que participan en el proyecto y a la cualificación del personal.

Las categorías pueden integrarse en otras causas o categorías de causa según el nivel de detalle deseado.

El diagrama de Ishikawa

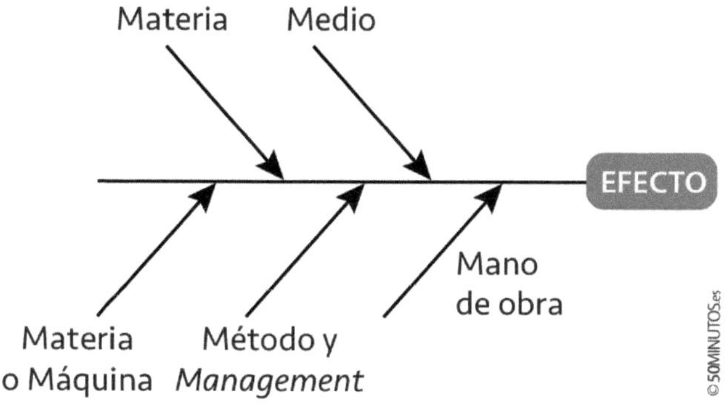

DE UN MODELO DE 5M A OTRO DE 7M U 8M

El diagrama, en un principio limitado a 5M, se amplió a 7 u 8M según el caso. El objetivo sigue intacto, es decir, sigue permitiendo una visualización concreta, sintética y exhaustiva de las causas de un problema que conviene tratar prioritariamente, pero también y, sobre todo, permite identificar la solución más eficiente.

A las 5M iniciales se añaden:

- **Medida:** corresponde a todo lo que se puede cuantificar para llegar al efecto;
- *Management* **(Gestión, si no se considera en la M de Métodos):** son métodos de dirección, del estilo de mando, etc.;
- **Medios financieros:** el presupuesto, los gastos, los ingresos, etc. que tendrán inevitablemente un impacto en las otras M.

VENTAJAS

El diagrama de Ishikawa presenta múltiples ventajas, puesto que permite:

- clasificar todas las causas relacionadas con el problema planteado;
- esclarecer un problema relativamente consecuente;
- hacer participar a todos los miembros del equipo en el análisis y crear así una dinámica de gestión de proyectos;
- limitar el olvido de algunas causas gracias al trabajo en grupo;
- identificar los dominios en los que hay que profundizar, donde a veces falta información;
- analizar un problema, sea cual sea el sector o el ámbito de actividades del que provenga;
- proporcionar elementos para la elaboración de una solución adaptada al problema planteado;
- dar una visión sintética de las relaciones de causa-efecto.

Este tipo de herramienta participativa, tal y como Kaoru Ishikawa propone, ofrece un campo de visión y de reflexión relativamente amplio que permite superar las constataciones demasiado simplistas cuando surge un problema. Aumenta el campo de causas posibles del problema (potencial) y, a la vez, identifica soluciones e intervenciones necesarias para evitar o resolver un problema concreto.

LÍMITES DEL MODELO Y EXTENSIONES

LÍMITES Y CRÍTICAS DEL MODELO

- A pesar de las numerosas ventajas, cabe destacar que el diagrama de Ishikawa no es demasiado útil para problemas extremadamente complejos que tienen muchas causas y que se relacionan los unos con los otros. Sin embargo, estas interrelaciones suelen ser el origen de un problema presente o potencial.
- La segunda crítica al modelo señala la jerarquización de las causas, que se realiza en función de la experiencia del grupo de trabajo o se basa en el análisis estadístico del problema que ha ocurrido con anterioridad. De este modo, la jerarquización puede variar de un grupo a otro según las subjetividades, y ser menos pertinente y menos acertada que si hubiera datos estrictamente estadísticos.

En términos generales, se aconseja completar el método de Ishikawa con otro para asegurar la objetividad y la pertinencia del análisis.

EXTENSIONES Y MODELOS CONEXOS

Son muchas las herramientas que se pueden utilizar para ampliar la reflexión sobre un mismo problema dado.

Los 5 porqués

El método de las 5P (o «5 porqués»), creado por el ingeniero industrial japonés Taiichi Ohno (1912-1990), tiene como objetivo buscar las causas primarias de un problema.

El método es simple, pero muy eficaz: consiste a hacerse cinco veces la pregunta «¿por qué?» para llegar hasta la fuente real del problema. De esta forma, después de identificar la causa superficial, el grupo de trabajo querrá descubrir las distintas causas primarias del problema con la ayuda de los «porqués», que aparecen generalmente después de la segunda o tercera pregunta. La mayoría de las veces, las causas en la base de los problemas son de organización. Es importante no precipitarse y considerar los diferentes niveles con precisión para evitar pasar por alto algunos elementos clave. Se trata de un método muy parecido al diagrama de Ishikawa.

El diagrama de los cinco porqués

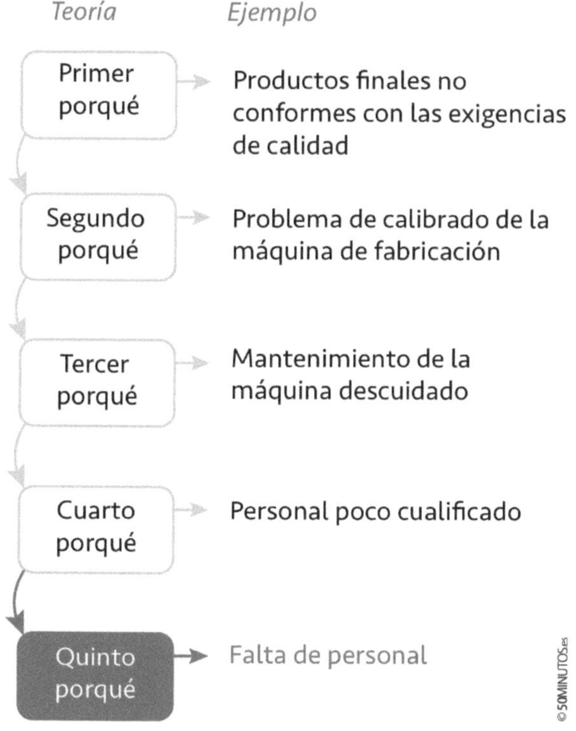

El diagrama de Pareto

Como herramienta de análisis de datos, este diagrama —o más bien histograma— permite visualizar la incidencia de los problemas en porcentaje y por orden decreciente. De esta forma, la prioridad de la acción es más explícita puesto que el responsable sabe a qué elemento tiene que prestar atención. Se trata de un sistema elemental que facilita la visualización de la importancia de un problema.

Pareto

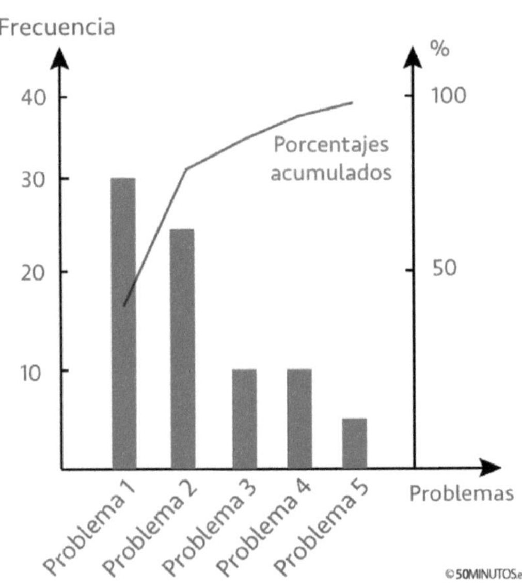

La tabla de eficacia

La tabla de eficacia es una gráfica que presenta las diferentes soluciones posibles. Mientras que las otras herramientas aumentan el campo de reflexión sobre el origen del problema, la tabla de eficacia permite un enfoque más matemático y compara tanto la eficacia como el coste de la solución. Una vez creada la tabla, el que reflexiona elegirá, guiado por la lógica, la solución que resulte ser más eficaz para un coste menor (eficiencia), sin perder de vista su viabilidad. Si por cualquier razón el equipo no optara por esta solución, se le invitará a motivar su otra decisión exponiendo los objetivos jerarquizados sobre los que han reflexionado específicamente para el proyecto.

El eje de abscisas representa el coste, mientras que el de ordenadas se refiere a la eficacia.

La tabla de eficacia

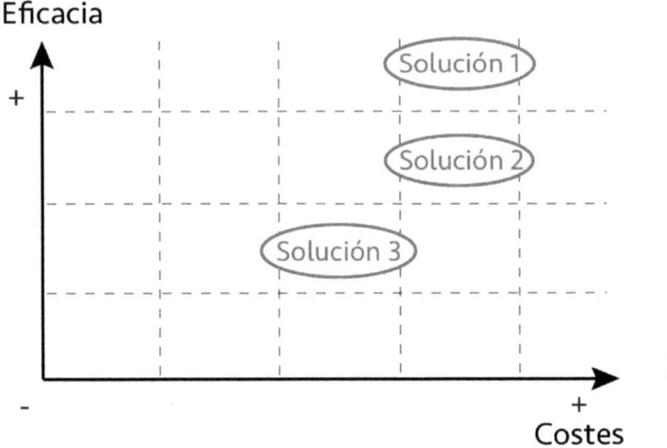

Conviene colocar en las celdas las soluciones potenciales en función de su coste o eficacia. Pero atención, es importante acordarse de algunas nociones que conciernen al análisis coste-eficacia:

- la eficacia se mide en función de un resultado único determinado previamente;
- el coste debe calcularse de forma global;
- es un instrumento de evaluación de proyectos, de programas cuando el objetivo puede reducirse a un resultado único;

- este análisis puede usarse antes, durante y después de un proyecto.

De este modo, se impondrá la solución más ventajosa, es decir, la más eficaz y de menor coste.

El método CABBIDAS

El método CABBIDAS está más orientado a la búsqueda de soluciones que a las causas, como la tabla de eficacia. Sin embargo, sigue siendo una herramienta interesante y complementaria al diagrama de Ishikawa.

El éxito de este método depende, entre otras cosas, de la participación activa del grupo de trabajo y de la diversidad de los trabajos y de las competencias de los participantes que lo conforman. El proceso que hay que seguir para la aplicación de esta herramienta es más consecuente que los necesarios para el diagrama de Ishikawa y para los métodos complementarios desarrollados con anterioridad.

EL CABBIDAS

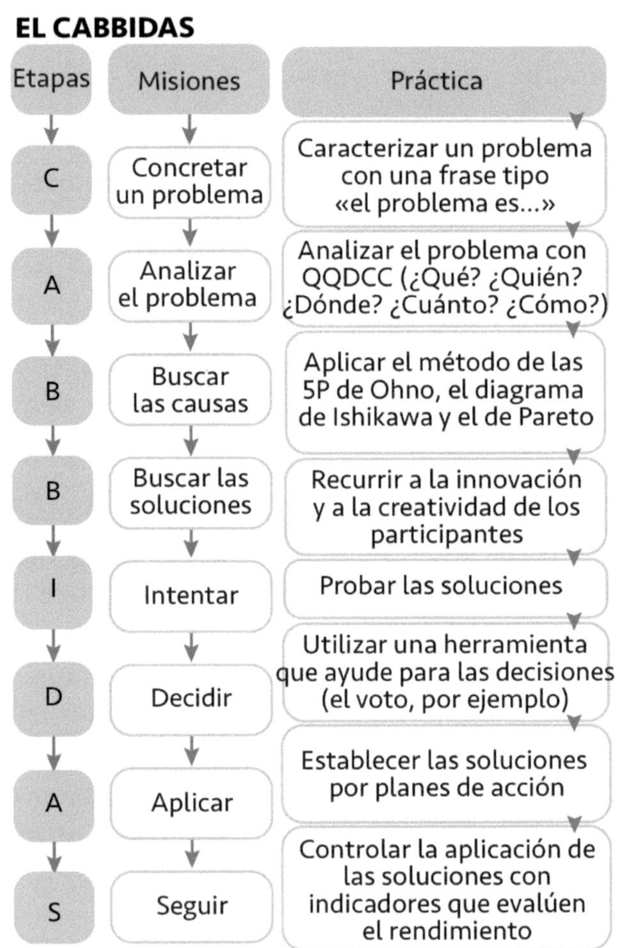

Etapas
Misiones
Práctica
C
Concretar un problema
Caracterizar un problema con una frase tipo «el problema es...»
A
Analizar el problema
Analizar el problema con QQDCC (¿Qué? ¿Quién? ¿Dónde? ¿Cuánto? ¿Cómo?)
B
Buscar las causas
Aplicar el método de las 5P de Ohno, el diagrama de Ishikawa y el de Pareto
B
Buscar las soluciones
Recurrir a la innovación y a la creatividad de los participantes
I
Intentar
Probar las soluciones
D
Decidir
Utilizar una herramienta que ayude para las decisiones (el voto, por ejemplo)
A
Aplicar
Establecer las soluciones por planes de acción
S
Seguir
Controlar la aplicación de las soluciones con indicadores que evalúen el rendimiento

Conclusión

Observamos que los diferentes modelos son conexos y que el análisis de un problema, el de sus causas y el de sus soluciones van a la par. Es complicado concebir el diagrama de Ishikawa como una herramienta aislada, puesto que el análisis de las causas no se hace sin un buen análisis del problema y de sus soluciones. En todos los casos, la persona responsable permanece inmersa en un proceso continuo y utiliza el mayor número posible de herramientas metodológicas para resolver un problema concreto con su grupo de trabajo hasta tener la convicción de obtener soluciones racionales.

APLICACIÓN DEL CONCEPTO

CONSEJOS Y BUENAS PRÁCTICAS

Etapas de la construcción del diagrama

La construcción del diagrama de Ishikawa es progresiva y se realiza mediante una aplicación gradual de las diferentes etapas de trabajo, necesarias para la reflexión y la buena aplicación gráfica del problema. En concreto, es necesario:

- **definir claramente el problema** y, una vez hecho, trazar una flecha horizontal que apunte al problema, accidente o efecto;
- **realizar un inventario de causas posibles** (en forma de una tormenta de ideas, por ejemplo) y trabajar con personas competentes y expertas en el dominio del problema;
- **recuperar los datos de la tormenta de ideas**;
- **clasificar las ideas por familias (5-8M)**. Atención, no para todas las M hay que trazar necesariamente una rama. Hay que recordar

que el método de Ishikawa tiene que adaptarse a la profesión, al contexto y a la problemática. Esta etapa permite poder trazar las flechas secundarias que deben unirse a la fecha horizontal principal. Cada una de ellas representa una de las familias de causas potenciales;

- **buscar, en cada rama, las causas primarias del problema** que hasta entonces no se habían descubierto. Después de esta etapa, es posible trazar flechas más pequeñas que correspondan a las causas de las diferentes familias;
- **evaluar las causas prioritarias** y sopesar cada causa para determinar los ejes de acción prioritarios y jerarquizarlos;
- **elegir las causas sobre las que actuar** cuando se haya trazado el diagrama en función de la prioridad acordada a una o a otra. Las causas potenciales y las causas secundarias se dividirán entonces en dos grupos;
- **establecer soluciones y acciones correctivas.** Esta etapa puede corresponder a una fase de prueba o a una fase de implementación de una solución.

De esta forma se ponen en orden todos los elementos, lo que permite al responsable del proyecto visualizar «las espinas del pescado» y organizar los grupos de trabajo en función de las soluciones que probar. Para cada M se hará un esquema de una «espina» como el siguiente:

Una espina de pez

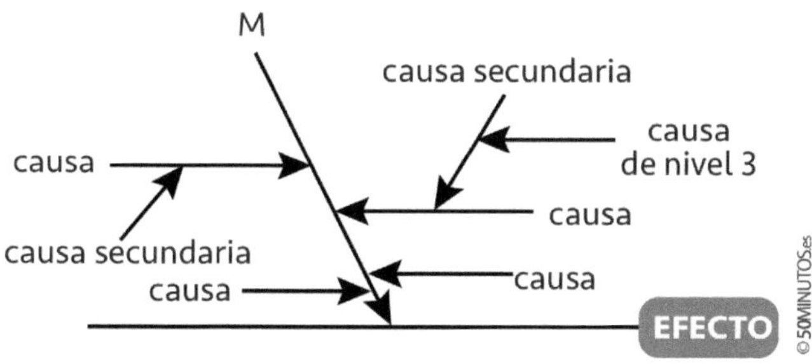

Escollos que evitar

La dificultad del diagrama de Ishikawa no está tanto en su metodología por etapas, que en realidad facilita su construcción, sino en desatender ciertos elementos clave:

- **la importancia del trabajo en equipo. E**ste sustenta toda la reflexión durante y después de la construcción del diagrama. Sin una larga reflexión, sin un equipo con una diversidad de competencias, sin una mentalidad de grupo o sin una participación activa y dinámica colectiva (búsqueda de pistas, acuerdo consensuado en las prioridades, etc.), las causas del problema no se analizarán completamente y la solución más anodina podría no contemplarse;

- **el uso de la herramienta.** Aunque se considere al diagrama de Ishikawa una herramienta de gestión de la calidad, no hay que limitarlo a su primera utilidad. En la preparación de un proyecto, esta herramienta se puede utilizar para el análisis contextual y/o para el análisis de riesgos potenciales, aspecto que cada vez se toma más en cuenta en las empresas. Por otro lado, sería una lástima considerarlo solo como una herramienta de búsqueda de las causas del problema, puesto que también puede servir de herramienta de análisis de las causas del éxito;
- **el origen de la tormenta de ideas**. Se aconseja intercambiar los puntos de vista con todos los miembros del equipo para abordar el conjunto de los aspectos (causas y efectos) del problema definido. Todos son libres de manifestar sus puntos de vista sobre el problema en cuestión;
- **el respeto del proceso**. Es importante llegar progresivamente a clasificar las causas jerár-

quicamente según el grado de prioridad en relación al problema. El diagrama de espina de pescado se basa principalmente en una problemática y en reflexiones relacionadas con la problemática estudiada;

- **la extensión de su aplicabilidad**. El método Ishikawa, aunque inicialmente fue sugerido para los ingenieros y esté en general orientado al mundo de la empresa, debe poder aplicarse a todos los sectores (tanto público como privado), como al de los hospitales, por ejemplo. Entonces convendrá adaptar la terminología y los factores estudiados de esta herramienta al sector de actividad en el que se aplica el análisis.

Recomendaciones

El diagrama de Ishikawa se aborda en múltiples obras de referencia que proporcionan muchos consejos pertinentes en relación con la buena aplicación de esta herramienta. Nos quedamos con los siguientes consejos:

- **ser metódico.** Aunque el diagrama de Ishikawa es una herramienta muy interesante y eficaz, es importante no saltarse las etapas y buscar las causas antes que las soluciones;

- **estar atento.** Durante el debate, se pueden mencionar nuevas causas. En esta etapa de la tormenta de ideas, no hay que pasar por alto nada para favorecer la creatividad, la mentalidad abierta y las proposiciones del grupo;
- **ser meticuloso.** Si las causas son demasiado numerosas y conducen a un diagrama demasiado complicado, es preferible construirlo por ramas;
- **ser pragmático.** Es esencial adaptar la terminología de esta herramienta a su sector;
- **ser completo.** No hay que limitarse a las causas negativas, sino analizar también las causas positivas;
- **ser preciso.** Comprobar sobre el terreno que las causas determinadas generan el efecto constatado.

ESTUDIO DE CASO

El diagrama de Ishikawa supone el análisis fácil, sencillo y estructurado de un problema mediante la definición de sus causas y efectos. Tomemos como ejemplo un supermercado de Ginebra que se enfrenta a una tasa de satisfacción de sus clientes muy baja y supongamos que:

- el supermercado es muy conocido y posee tanta cuota de mercado como los otros supermercados de Ginebra;
- la marca tiene como objetivo alcanzar una tasa de satisfacción de sus clientes anual del 80 %;
- su departamento de *marketing* decide establecer un estudio de satisfacción para darse cuenta de la percepción de los servicios que ofrece a sus clientes;
- la encuesta es relativamente corta: se plantea una pregunta por tema, «¿Está satisfecho con…?», a la que hay que responder con una escala de satisfacción de 0 a 5 (0 significa insatisfacción total y 5, satisfacción total). Los temas tratados son: la calidad del personal, la de los productos consumidos, la infraestructura, la localización del supermercado, etc.

Hay que destacar que un estudio de satisfacción más detallado habría podido ayudar al equipo a identificar mejor las causas reales de la insatisfacción global. Sin embargo, como la clientela le suele conceder poco tiempo, los encuestadores prefieren proponerles un cuestionario corto.

Problema encontrado

Después de preguntar a cerca de 500 clientes en una decena de tiendas, el examen de los resultados presenta una baja tasa de satisfacción de la clientela, solo del 20 %.

Aplicación del modelo

Para actuar de forma concreta, el equipo de *marketing* decide proceder al análisis de las causas del problema antes de obtener una situación cualquier, o incluso un plan de acción.

El mánager del departamento de *marketing* quiere establecer un grupo de trabajo compuesto por miembros de diferentes departamentos con competencias variadas y con una larga experiencia. Para ello, contacta con cada departamento (comunicación, finanzas, producción, logística, etc.) para obtener, durante la tormenta de ideas, una visión más global de las causas subyacentes. Cuando elige a los miembros, les explica previamente que el objetivo de la próxima reunión de trabajo es obtener las causas que apoyan la conclusión inquietante que resulta de la encuesta a los clientes, es decir, una tasa de satisfacción del

20 %, que está lejos de alcanzar el objetivo anual del 80 % fijado inicialmente. Así, el mánager puede, de antemano, pedirles a los participantes que apunten lo que, según ellos, se encuentra en el origen (causas principales y secundarias) de este problema.

- **Primera reunión.** Durante la primera reunión de la tormenta de ideas, los debates son animados y se comparten las ideas. El animador de la sesión de trabajo hace una lista de todas las causas abordadas según las cinco grandes familias de causas propuestas por Ishikawa: medio, materia, método, máquina/material y mano de obra. La causa relacionada con el aspecto del presupuesto, es decir, los medios financieros, no es significativa en este caso dado el contexto comercial. Por ejemplo, en una situación de crisis económica, si se reduce el personal, la calidad del servicio puede ser peor y conllevar a una disminución de la satisfacción de la clientela. La intervención del animador depende, naturalmente, de la dinámica de grupo y será, según las situaciones, más o menos participativa. En todos los casos, pide a los participantes que clasifiquen las causas que se han identificado de modo prioritario o secundario y que no omitan ninguna suposición en relación con el origen del problema, por difícil que sea de entender para el mánager.

- **Distanciamiento.** Después de esta etapa, es bueno dejar a los interventores un momento de distancia para poder volver a otros elementos omitidos en la primera tormenta de ideas. Paralelamente, esto deja tiempo al mánager para reorganizar las diferentes nociones aportadas por el grupo, plantearse nuevas preguntas, situar las causas debatidas en el diagrama y observar las familias de causas que todavía no se han explotado. Así, se beneficia de una visión global y más clara que le permite entrever distintivamente las causas prioritarias para analizar en profundidad.
- **Segunda reunión.** En esta nueva sesión de trabajo, conviene resumir el problema y las causas para poder determinar la o las causas prioritarias. El grupo de trabajo reflexiona luego sobre las acciones que hay que aplicar en los diferentes departamentos a los que pertenecen para prevenir la o las causas primarias del problema de insatisfacción.

Volvamos al problema y a las causas potenciales debatidas por el grupo de trabajo:

- Medio: localización muy poco céntrica de la tienda.
- Materia: no hay un pasillo de productos ecológicos.
- Método: no hay mucho personal, lo que provoca colas en la caja, horarios de la tienda poco flexibles y un servicio de posventa por teléfono ineficaz.
- Máquina/Material: hay muchos problemas durante el uso del *self scanning* o sistema automático de cobro, problemas con las cajas electrónicas, etc.
- Mano de obra: personal desagradable y/o incompetente, servicio de atención al cliente ineficaz y/o inexistente.

Los factores que causan la insatisfacción de la clientela son tan numerosos que habría sido útil colocar, al final de la encuesta de satisfacción, una casilla de «recomendaciones» o «consejos» para que los clientes descontentos pudieran expresarse con libertad.

Finalmente, si la causa definida como prioritaria determina un personal demasiado incompetente —falta de conocimiento de los productos ofrecidos por el supermercado— y hay que poner remedio rápida y eficazmente, se tendrán que contemplar soluciones eficientes. Entre ellas, podríamos encontrar principalmente formaciones que expliquen claramente los diferentes productos del conjunto ofrecido por la marca o las bases de la relación que hay que establecer entre el cliente y el empleado.

Entre seis meses y un año después de haber realizado los ajustes necesarios, no hay que olvidar controlar los resultados para confirmar el impacto efectivo de la aplicación del plan de acción llevado a cabo. Para ello, el equipo de *marketing* podrá, entre otras cosas, poner en marcha una nueva encuesta de satisfacción.

Conclusión

La calidad en la gestión de un problema puede obtenerse de forma sencilla, siempre que haya implicado una reflexión y una estructuración. En este ejemplo es complicado exponer que el resultado del uso del diagrama será automáticamente positivo y que, un año más tarde, los clientes estarán más o menos satisfechos. Las cifras —tasa de satisfacción, volumen de negocio, etc.— que proceden del departamento financiero podrán ayudar a definir con mayor exactitud la causa. Si las ventas y la satisfacción bajan, es fácil deducir que la calidad del producto ha disminuido y que habrá que centrar su atención esta vez en la materia.

Los otros modelos conexos desarrollados con anterioridad permiten, por otro lado, completar el proceso de Ishikawa.

EN RESUMEN

- El diagrama de Ishikawa es una herramienta de gestión de la calidad creado en los años cuarenta por el ingeniero japonés Kaoru Ishikawa.
- Este método supone el análisis estructurado de un problema mediante la identificación de sus causas y de sus efectos.
- Las etapas que llevan a la solución de un problema son:
    - la asociación de las causas con un único efecto;
    - la clasificación de las causas por familias (5M u 8M);
    - la jerarquización de las causas;
    - la definición de las prioridades;
    - la implementación de la solución más adaptada.
- Se trata de un proceso individual y colectivo (puesta en común) cuyos aspectos esenciales son: grupo de trabajo, tormenta de ideas y trazado del diagrama.
- Hipótesis: la calidad del resultado del diagrama obtenido depende principalmente

del grupo de trabajo (complementariedad a nivel de competencias, de conocimientos y de experiencias).

- Existen otras herramientas similares al diagrama de Ishikawa:
  - los 5 porqués;
  - el diagrama de Pareto;
  - la tabla de eficacia;
  - el método CABBIDAS.
- La esquematización sintética y clara de las causas del problema contribuye a la eficacia de la herramienta.
- Nuestras recomendaciones:
  - trabajar metódicamente haciendo una lista de los hechos;
  - basarse en elementos concretos, precisos y probados;
  - no saltarse las etapas y profundizarlas con rigor;
  - utilizar herramientas complementarias para hacer que el proceso sea constructivo e integral.

PARA IR MÁS ALLÁ

FUENTES BIBLIOGRÁFICAS

- Agence nationale pour la promotion de l'innovation et de la recherche au Luxembourg, "Diagramme d'Ishikawa", 2008. Consultado el 12 de diciembre de 2014. http://www.innovation.public.lu/fr/ir-entreprise/techniques-gestion-innovation/resolution-probleme/080629-Diagramme-Ishikawa-fran.pdf

- Comisión Europea, "L'analyse coût-efficacité". Consultado el 22 de diciembre de 2014. http://ec.europa.eu/europeaid/evaluation/methodology/examples/too_cef_res_fr.pdf

- Manager GO, "Comment utiliser le diagramme d'Ishikawa". Consultado el 5 de marzo de 2018. 26 de septiembre de 2013. Consultado el 5 de marzo de 2018. http://www.manager-go.com/gestion-de-projet/dossiers-methodes/ishikawa-5m

- Le Dico du Marketing, "Définition. Diagramme de cause à effet de Kaoru Ishikawa". Consultado el 5 de marzo de 2018. http://www.ledicodumarketing.fr/definitions/Diagramme-de-cause-a-effet-de-Kaoru-Ishikawa.html

- Gillet-Goinard, Florence y Bernard Seno. 2012. *Le gran livre du responsable qualité*. París: Eyrolles.

- Ishikawa, Karou. 1984. *La gestion de la qualité. Outils et applications pratiques*. París: Dunod.

- Lehu, Jean-Mark. 2012. *L'encyclopédie du marketing*. París: Eyrolles.

- Nachal, Laila. 2011. "La construction d'un diagramme causes-effets". *InfoQualité*. 16 de mayo. Consultado el 12 de diciembre de 2014. http://infoqualite.accordance.fr/dossiers/dossiers.php?id_dossier=160

- Pommeret, Benoît. 2013. *La boîte à outil de l'organisation*. París: Dunod.

FUENTES COMPLEMENTARIAS

- Larousse. Consultado el 5 de marzo de 2018. http://www.larousse.fr/dictionnaires/francais

- Selmer, Caroline. 2013. *La boîte à outils du contrôle de gestion*. París: Dunod.

50MINUTOS.es
Historia
Economía y empresa
Coaching
Book Review
Salud y bienestar
Arte y literatura
EL DIAGRAMA DE ISHIKAWA
LA GUERRA DE PALESTINA DE 1948
DOMINA EL ARTE DEL NETWORKING
¡APRENDER NUNCA ANTES FUE TAN RÁPIDO!
www.50minutos.es

www.50Minutos.es

ISBN ebook: 9782806276544

ISBN papel: 9782806285980

Depósito legal: D/2016/12603/534

Libro realizado por Primento, el socio digital de los editores